S • C • J

Souvenir d'un Beau Jour

5 JUIN 1889

S ✣ C ✣ J

Souvenir d'un Beau Jour

5 JUIN 1889

ALLOCUTION

PRONONCÉE AU MARIAGE

DE

Mr MATHIEU BLANC

AVEC

Mlle GEORGETTE LA FONTAINE

En l'Église Saint-Cosme

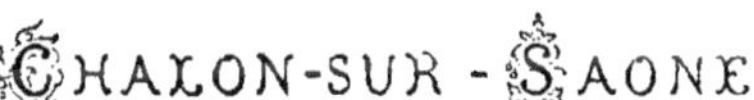

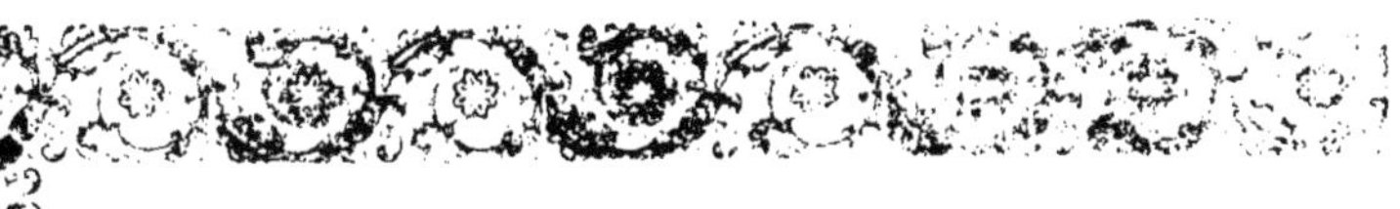

Allocution

Mademoiselle,

Monsieur,

Avant de vous conférer le Sacrement de Mariage, avant d'étendre sur vos têtes pour vous bénir une main sacerdotale, respectueuse et amie, permettez-moi de vous parler le langage de la Religion. Le moment est trop solennel pour taire les enseignements chrétiens.

Parmi toutes les fonctions de notre saint ministère, l'une des plus agréables

et des plus gracieuses est bien assurément de bénir les jeunes époux, de sanctionner leurs mutuelles promesses et les liens sacrés qui doivent les unir pour toujours.

Si ce ministère est agréable en général il l'est particulièrement aujourd'hui, puisqu'il s'agit de consacrer une alliance profondément chrétienne de part et d'autre. Aussi suis-je à l'aise pour redire les enseignements qui se rattachent à ce grand Sacrement de Mariage.

Tout est solennel et en même temps tout est plein de fraîcheur et de poésie dans la cérémonie présente.

Là aux pieds des autels, c'est Dieu lui-même qui va unir ensemble deux existences, lier deux cœurs et deux

volontés par un lien indissoluble que la mort seule pourra briser. C'est donc un instant solennel et décisif! De ce jour qui luit présentement sur vos têtes, Mademoiselle et Monsieur, va dépendre votre avenir et votre bonheur. C'est non seulement le présent mais tout un avenir qui se déroule devant les yeux.

Aussi bien Notre-Seigneur Jésus-Christ a élevé à la dignité de Sacrement ce grand acte de la vie qui s'appelle le Mariage! Par là il a conféré à la famille naissante l'admirable reflet des perfections divines : l'ordre, l'unité dans la pluralité, la charité ou l'amour chrétien.

L'apôtre saint Paul en tire cette conclusion : Aimez-vous bien l'un l'autre. Epoux chérissez votre épouse, comme

Jésus-Christ a chéri son Église au point de se sacrifier pour elle. Epouse aimez votre époux comme l'Église a aimé Jésus-Christ.

Voilà, en quelques mots, le tableau tout à la fois grave et poétique que nous avons sous les yeux.

Longue et heureuse alliance ! Ces trois mots résument tous les vœux que je forme aujourd'hui pour votre bonheur, conjointement avec ce grand nombre de parents et d'amis qui vous entourent et vous prodiguent leur affection et leurs prières.

Nous en avons la douce confiance, vous serez toujours de bons époux, parce que vous serez toujours de bons chrétiens, ce qui vous attirera sûrement

les bénédictions de Dieu parce que vous ne cesserez jamais de le servir.

Vous, Mademoiselle, vous contribuerez dans une large mesure à atteindre cet heureux but. Vous avez reçu en partage comme un héritage de famille toutes les ressources capables de porter au bien. Vos bons et dignes parents ont su vous donner une éducation de choix résumée en ces deux mots : Vertu et Travail !

Aussi accomplirez-vous avec facilité votre mission de bonne épouse. Servir Dieu, faire le bonheur de votre mari, former à une vie sérieuse et chrétienne les enfants que Dieu vous donnera, voilà les grands devoirs que vous saurez mener de front. Vous ferez régner les principes religieux dans toute votre maison, et en

même temps vous entourerez votre mari de ces aimables prévenances qui sont plus particulièrement l'apanage de l'épouse. Vous partagerez ses joies et ses peines comme il partagera les vôtres.

Quant à vous, Monsieur, nous avons la ferme assurance que vous aussi vous rendrez heureuse la compagne que le Ciel vous a destinée. Bien que venu de loin, vous n'êtes pas un inconnu pour nous. Les échos du Midi nous ont redit dans un langage édifiant ce que vous êtes, ce que vous avez été et ce que vous serez toujours, c'est-à-dire un fort et vaillant chrétien ! Ils nous ont dit également combien est estimable et vertueux le foyer qui vous a vu naître et grandir.

Vous ne donnerez à votre épouse que

de sages conseils. Vous aurez pour elle tout le respect et toute l'affection désirables. Si dans une maison l'homme est le chef il doit toujours néanmoins user avec sagesse de cette supériorité, et lorsqu'il commande il faut pour ainsi dire que le commandement disparaisse en se cachant sous les délicatesses du cœur.

Je m'arrête pour ne pas abuser de la bienveillance de mon auditoire. Du reste, vous tous, parents et amis ici présents à cette touchante et gracieuse cérémonie, vous confirmerez mes paroles.

Avec la douce autorité que donnent l'amitié et les liens du sang vous redirez à ces jeunes époux que tout le bonheur possible sur la terre se trouve dans la

vertu, et le bonheur complet dans le Ciel seulement. Tous donc vous vous efforcerez, par vos prières et vos soins, d'attirer les faveurs du Ciel sur ce jeune couple bénit, et alors cette union formée sous les auspices de la Religion continuera parmi vos familles cette chaîne d'alliances vraiment chrétiennes, basées avant tout sur les principes religieux qui seuls peuvent assurer le bonheur durable des familles et des sociétés et finalement procurer le plus précieux de tous les biens : les Noces éternelles des Cieux.

P. B***,

Curé de Saint-Cosme.

Chalon-sur-Saône, le 5 juin 1889.

www.ingramcontent.com/pod-product-compliance
Ingram Content Group UK Ltd.
Pitfield, Milton Keynes, MK11 3LW, UK
UKHW020542180726
13839UKWH00006B/2662

9 782329 558226